MINISTÈRE DES TRAVAUX PUBLICS

DIRECTION DES CHEMINS DE FER

# RÉSUMÉ

## DE LA LÉGISLATION GÉNÉRALE

DES

# CHEMINS DE FER RUSSES

(Extrait du *Bulletin du Ministère des Travaux publics,*
numéros d'août, septembre et octobre 1892, avril et mai 1893)

PARIS

IMPRIMERIE NATIONALE

1894

MINISTÈRE DES TRAVAUX PUBLICS

DIRECTION DES CHEMINS DE FER

# RÉSUMÉ

## DE LA LÉGISLATION GÉNÉRALE

### DES

## CHEMINS DE FER RUSSES

(Extrait du *Bulletin du Ministère des Travaux publics*

PARIS

IMPRIMERIE NATIONALE

1894

# RÉSUMÉ DE LA LÉGISLATION GÉNÉRALE

## DES CHEMINS DE FER RUSSES.

### HISTORIQUE DU RÉGIME GÉNÉRAL.

Le premier chemin de fer russe, destiné à relier Saint-Pétersbourg aux résidences d'été de Tzarskœ-Selo et de Pavlovsk, a été concédé en 1836 à une compagnie privée, pour une durée indéterminée et sans aucun concours financier de l'État.

A l'exception de cette voie ferrée de 27 kilomètres, plus de 1,000 kilomètres de lignes projetées sous le règne de l'empereur Nicolas I<sup>er</sup> ont été construits aux frais du Trésor.

La tendance vers la concentration des chemins de fer entre les mains de l'État s'est manifestée, pour la première fois, dans l'ordonnance impériale du 1<sup>er</sup> février 1842 [1], qui prescrivait, entre autres dispositions, que la voie ferrée de 650 kilomètres projetée entre les deux capitales de l'Empire serait construite aux frais du Trésor «pour qu'elle puisse rester toujours entre les mains du Gouvernement».

A partir de l'année 1856, l'État a renoncé à la construction directe des chemins de fer pour les concéder à des compagnies. Le motif de ce revirement se trouve exposé, comme il suit, dans l'ukase de l'Empereur Alexandre II, du 26 janvier 1857 [2], accordant à la Grande Société des chemins de fer russes la concession d'environ 4,300 kilomètres de voies ferrées : «Un examen attentif a démontré l'avantage qu'il «y aurait, sous le double rapport des facilités et de la promptitude d'exécution, à «s'adresser de préférence, à l'exemple de tous les autres pays, à l'industrie privée, «tant nationale qu'étrangère; le recours à cette dernière permettant en outre de «mettre à profit la grande expérience déjà acquise par la construction de plusieurs «milliers de verstes de voies ferrées dans les contrées occidentales de l'Europe.»

Depuis cette époque et jusqu'à l'année 1881, le système de construction et d'exploitation par l'industrie privée était préféré et le concours financier de l'État accordé largement aux entreprises de chemins de fer, sous forme d'avances, de subventions et de garantie d'intérêt. L'exploitation du chemin de fer de l'État, reliant les deux capitales, fut cédée en 1868 à la Grande Société des chemins de fer russes; la gestion des autres lignes, construites depuis 1857 aux frais du Trésor, fut également remise entre les mains des compagnies, soit aussitôt après l'achèvement de ces lignes, soit après un essai relativement court de l'exploitation par l'État. De sorte qu'en dehors du réseau finlandais, construit et exploité depuis son origine par l'État, ce dernier n'exploitait, au 31 décembre 1880 [3], que les 61 kilomètres du chemin de fer de Livny, à voie étroite, tandis que le réseau exploité par 45 compagnies privées s'élevait à 22,587 kilomètres. Le montant de la dette des compagnies envers l'État était, au 1<sup>er</sup> janvier 1881, de 629,096,356 roubles-papier [4], soit 1,679,687,270 fr.

---

[1] Сборникъ свѣдѣній о желѣзныхъ дорогахъ въ Россіи. — Отдѣлъ, III, 1867. (*Recueil des renseignements sur les Chemins de fer en Russie.* III<sup>e</sup> partie, 1867, p. 19.)

[2] Même publication officielle, page 168.

[3] Статистическій сборникъ Министерства Путей Сообщенія. — Выпускъ 7й, Таблица IX. (*Recueil statistique du Ministère des Voies de communication.* Vol. VII, tableau IX.)

[4] D'après les évaluations données dans le 8<sup>e</sup> volume du Recueil statistique du Ministère des voies de communication, 1 rouble métallique valait, en 1880, 1,50 rouble-papier.

La somme à fournir aux compagnies par le Trésor, à titre de garantie d'intérêt, s'élevait, en 1880, à 87,607,448 roubles-crédit ou à 233,911,886 francs.

Les charges toujours croissantes du Trésor public, à raison du fonctionnement de la garantie d'intérêt, ont amené le Gouvernement à entreprendre la création du réseau d'État. L'exposé des motifs du rapport du Comité des Ministres, approuvé par l'Empereur le 6 février 1881, contient à cet égard les appréciations suivantes :

« Au point de vue financier, un grand désordre s'est introduit, dans ces derniers « temps, dans la gestion des chemins de fer russes. Parmi les compagnies existantes, « il n'y en a guère que cinq ou six qui soient en état de pouvoir payer les intérêts « à leurs actionnaires sans recourir à la garantie d'intérêt.

« La plupart d'entre elles grèvent le Trésor par le recours à la garantie, et de nom-« breuses entreprises manquent même des moyens pour pourvoir aux besoins cou-« rants de l'exploitation. Cette déplorable situation économique de la plupart des « compagnies résulte principalement du système de la garantie d'intérêt pratiqué « jusqu'ici. Avec ce système, les compagnies n'ont aucun ou n'ont qu'un très petit « intérêt à adopter pour l'exploitation des mesures destinées à augmenter les recettes « et à diminuer les dépenses. Les sommes gaspillées par la mauvaise gestion des « compagnies obèrent le Trésor. Il s'ensuit que, vu la grande influence qu'exercent « les chemins de fer sur tous les rapports économiques, la mauvaise situation des « entreprises de voies ferrées contribue à enrayer le développement de la richesse « publique. Dans cet état de choses, le Comité des Ministres considère que la con-« struction des chemins de fer de Krivoï-Rog et de Baskountschak [1] doit être faite « aux frais du Trésor, et qu'à titre d'essai l'État devra prendre l'administration des « divers chemins de fer dont la reprise ne comporte pas de grands sacrifices finan-« ciers. »

Conformément à ce programme, l'État a racheté, le 27 mars 1881, le chemin de fer Kharkov-Nicolaev (886 kilom.), dont les 4/5 du capital-actions étaient déjà en sa possession ; on a institué la direction provisoire des chemins de fer de l'État, en y rattachant ensuite le chemin de fer Tambov-Saratov (384 kilom.) racheté le 25 septembre 1882, ainsi que la ligne Jabinka Pinsk (145 kilom.) construite par l'État, et les lignes de Livny (61 kilom.) et de Baskountschak (92 kilom.). De sorte qu'à la fin de 1883, le réseau de l'État possédait un ensemble de 1,568 kilomètres contre 22,134 kilomètres exploités par des compagnies.

Depuis lors, le Gouvernement a accru progressivement son influence sur la gestion des compagnies et renforcé son contrôle par des mesures dont il sera parlé dans la suite. La construction de la plupart des lignes se fait aux frais du Trésor. Les concessions nouvelles ne sont accordées qu'aux compagnies existantes, et le réseau de l'État s'est agrandi notablement pour atteindre, au 31 décembre 1891 [2], une longueur totale de 10,645 kilomètres Le réseau exploité par 36 compagnies s'élevait, à la même date, à 18,549 kilomètres. En outre, le réseau finlandais comprenait 1,844 kilomètres exploités par l'État et 33 kilomètres par la Compagnie privée de Borgo-Kervo, et le chemin de fer transcaspien, 1,433 kilomètres exploités par le Ministère de la guerre. De sorte que le total de 32,504 kilomètres du réseau de l'Empire comprenait, au 1ᵉʳ janvier 1892, 13,922 kilomètres exploités par l'État et 18,582 kilomètres par des compagnies.

---

[1]. La longueur totale de ces chemins de fer est de 580 kilomètres.

[2] Ежемѣсячныя свѣдѣнія Министерства Путей Сообщенія. — Февральскій выпускъ, 1892. (*Renseignements mensuels du Ministère des voies de communication. Livraison du mois de février 1892.*)

La part contributive de l'État dans la dépense d'établissement du réseau, non compris le réseau finlandais et le chemin de fer transcaspien, s'élevait, au 1<sup>er</sup> janvier 1890, à 92 p. 100 de la dépense totale qui était de 8,096 millions de francs.

La somme à payer, pour 1890, par l'État à titre de garantie d'intérêt et d'amortissement, s'élevait à 290,904,000 francs, et la dette des compagnies envers l'État au 1<sup>er</sup> janvier 1891 était de 2,858,748,000 francs [1].

## RÈGLEMENT GÉNÉRAL DES CHEMINS DE FER RUSSES [2].

### (Promulgué par l'Empereur le 12 juin 1885.)

La législation russe ne possède pas de loi organique concernant les chemins de fer. Jusqu'à 1885, les entreprises de voies ferrées étaient régies par les dispositions insérées dans les actes de concession et par les ordonnances impériales et les instructions ministérielles. Le premier congrès général des chemins de fer russes, tenu en 1869, avait décidé l'élaboration de prescriptions uniformes et obligatoires pour tous les chemins de fer de l'Empire; mais le projet présenté en 1871 n'a pas obtenu la sanction du Gouvernement, qui a nommé, en 1876, une commission spéciale, chargée d'étudier les questions relatives aux voies ferrées et d'élaborer le projet d'une loi générale. Ce projet, modifié en partie par le Comité des Ministres, a été approuvé par l'Ordonnance impériale du 12 juin 1885, sous le titre de : *Règlement général* (Общій Уставъ) *des chemins de fer russes.*

Les prescriptions de cette loi, qui est actuellement en vigueur dans l'Empire, présentent certaines analogies avec la législation commerciale allemande et avec les règlements d'exploitation et de police des voies ferrées des pays occidentaux de l'Europe. On y trouve, en outre, un certain nombre de dispositions adoptées par le congrès de Berne, dans le projet de convention internationale sur le transport des marchandises par chemin de fer.

Le règlement général est obligatoire sans distinction pour les chemins de fer de l'État et pour ceux des compagnies privées. Il se divise en trois parties.

### 1<sup>re</sup> PARTIE.

### Règlementation du transport des voyageurs et des marchandises.

Le *chapitre 1<sup>er</sup>* contient des dispositions générales.

L'article 1<sup>er</sup> oblige tout chemin de fer à transporter les voyageurs, bagages, postes et marchandises entre toutes les stations indiquées dans les tarifs.

Le refus de transporter est autorisé par l'article 2 dans les cas suivants : inobservation par le voyageur ou l'expéditeur des prescriptions de la présente loi; suspension du service par décision du Gouvernement, ou en cas de force majeure; manque de place dans un train réglementairement composé; état d'ébriété d'un voyageur ou indécence de sa tenue; manque de matériel spécial, non imposé par les règlements et nécessaire pour le transport d'une marchandise, et enfin défaut d'emplacements libres pour le dépôt de la marchandise à la station expéditrice.

---

[1] Статистическій сборникъ Министерства Путей Сообщенія. — Выпускъ 3о, 1892. (*Recueil statistique du Ministère des voies de communication.* Vol. XXX, 1892.)

[2] Систематическій сборникъ дѣйствующихъ на русскихъ желѣзныхъ дорогахъ узаконеній и распоряженій Правительства. — Часть I, составилъ Врюль. (*Recueil systématique des ordonnances et des dispositions du Gouvernement qui régissent les chemins de fer russes.* 1<sup>re</sup> partie, par Brul.)

L'admission et la descente des voyageurs, ainsi que l'enregistrement et la livraison des marchandises aux haltes, ne sont obligatoires que dans les cas où le Conseil des chemins de fer le prescrit (art. 3).

D'après l'article 4, chaque interruption de plus de vingt-quatre heures dans l'expédition des trains de voyageurs et dans l'admission des marchandises doit être immédiatement portée à la connaissance du public et de l'inspecteur des chemins de fer, qui doit prendre les mesures nécessaires pour rétablir le service interrompu.

Les articles 5 et 6 établissent la responsabilité des administrations de chemins de fer au sujet des pertes et avaries occasionnées par la faute de leurs agents et déclarent être sans effet toute convention préalable, entre les chemins de fer et les voyageurs ou expéditeurs, tendant à annuler ou à diminuer cette responsabilité.

Les articles 7 à 10 contiennent les prescriptions suivantes relatives à la tarification :

Tous les chemins de fer raccordés entre eux sont obligés d'organiser le trafic direct : pour les voyageurs, entre les stations des différents chemins désignés d'un commun accord par les administrations intéressées, à charge d'approbation par le Conseil des chemins de fer ; et pour les marchandises, entre toutes les stations ouvertes à l'expédition et à la livraison des marchandises. Ils sont, en outre, tenus de transporter les marchandises dans les wagons appartenant aux expéditeurs ou aux autres chemins de fer ; de remorquer, lorsqu'il y a double voie, les trains complets des autres compagnies ; de laisser circuler, sur l'ordre du Ministre des voies de communication, basé sur la décision du Conseil des chemins de fer, les trains complets avec les locomotives et le personnel des autres administrations, et de transmettre les marchandises et les bagages d'une ligne à l'autre, sans intervention de leurs propriétaires.

Des contrats peuvent être passés entre une administration de chemin de fer et des sociétés de navigation à vapeur ou autres sociétés de transport en vue d'assurer le trafic direct ; ces traités doivent être soumis à l'approbation du Ministre des voies de communication et du Ministre des finances ; ils deviennent exécutoires, s'il n'y a pas d'objections de la part de ces ministres, dans un délai d'un mois. En cas d'objection, l'entrée en vigueur de la convention est différée jusqu'à la décision du Conseil des chemins de fer.

D'après l'article 11, les chemins de fer sont tenus, sur la demande du Ministre des Voies de communication, de permettre aux lignes qui les traversent de construire des passages supérieurs, inférieurs, ou à niveau, et d'établir des raccordements avec d'autres voies ferrées pour assurer le trafic direct.

Conformément à l'article 12, les droits et les devoirs réciproques des chemins raccordés doivent être fixés, en ce qui concerne le trafic direct, par des conventions soumises à l'approbation du Ministre des voies de communication et du Ministre des finances. En cas de désaccord entre les chemins de fer intéressés, le Conseil des chemins de fer détermine les obligations mutuelles, et les questions techniques sont tranchées par le Ministère des voies de communication.

L'article 13 traite de cas dans lesquels des procès-verbaux peuvent être dressés contre les compagnies par la gendarmerie chargée de la police des chemins de fer, sur la demande des parties intéressées.

Le *chapitre II* est relatif au transport des voyageurs et de leurs bagages.

Les quatre premiers articles de ce chapitre (14 à 17) prescrivent la régularité du mouvement des trains des voyageurs et l'affichage des horaires dans les gares, et énumèrent les indications inscrites sur les billets et parmi lesquelles figure le prix du parcours.

D'après l'article 18, les prix de transport des voyageurs et des bagages doivent être fixés d'après les tarifs légaux en vigueur, dont des exemplaires imprimés sont en

vente dans les gares. Les tarifs du trafic local doivent en outre être affichés aux gui·
chets et dans les salles d'attente.

L'article 19 accorde la gratuité du transport à chaque enfant au-dessous de cinq ans,
lorsqu'il est accompagné d'un adulte et n'occupe pas de place distincte. Un enfant âgé
de moins de dix ans et occupant une place à part paye au plus la moitié du prix d'un
adulte.

Les articles 20 à 26 établissent comme il suit les droits et obligations des voyageurs :

Faute de place dans la classe correspondante au billet délivré, le voyageur a
droit à une place dans la classe supérieure sans aucun supplément, ou dans la classe
inférieure avec la restitution de la différence du prix, ou au remboursement de son
billet.

Le voyageur peut passer, pendant le trajet, d'un compartiment de la classe supérieure
à un compartiment de la classe inférieure sans changer de billet ; pour monter dans
un compartiment de la classe supérieure, il doit payer la différence entre les prix
des deux classes. Le voyageur surpris dans le train sans billet doit payer le prix double pour la distance parcourue par le train entre la dernière station de contrôle et
celle qui se trouve après l'endroit où l'on a constaté que le voyageur n'a pas de billet.
On exige également le prix double de tout voyageur qui a dépassé la station d'arrivée
indiquée sur son billet.

La perception du prix double ne s'étend pas au cas où le voyageur, n'ayant pas eu
le temps de prendre son billet, monte dans le train avec le consentement du chef de
gare, ni au cas où le voyageur prouve à l'agent de service qu'il a perdu son billet. Le
refus ou l'impossibilité de payer le prix double comportent l'expulsion pure et simple
du voyageur, s'il peut présenter une garantie en vue du payement ultérieur de cette
amende ; dans le cas contraire, on dresse à l'expulsé un procès-verbal en vue de poursuites par la voie judiciaire.

Le voyageur qui prend arbitrairement une place dans une voiture de la classe supérieure à celle indiquée sur son billet paye le double de la différence de prix des deux
classes pour le parcours compté à partir de la station qui a délivré le billet.

Les articles 27 à 29 autorisent l'expulsion d'un voyageur pendant le trajet lorsqu'il
trouble la tranquillité, offusque les autres voyageurs par son impudence, ou lorsqu'il
est affecté d'une maladie présentant des dangers pour les autres voyageurs, ou d'une
infirmité pouvant provoquer le dégoût. L'expulsé a droit au remboursement du prix
afférent au parcours non effectué.

Les articles 30 à 32 traitent des menus objets transportables gratuitement et des
bagages qui doivent être expédiés au prix du tarif.

D'après l'article 33, tout billet de voyageur donne droit au transport gratuit d'un
pud ($16^k$ 38) de bagages en fourgon ; un billet d'enfant donne droit à un demi-pud
($8^k$ 19).

Les derniers articles (34 à 42) du second chapitre contiennent des dispositions relatives à la déclaration de la valeur des bagages et à l'inspection de ces derniers lorsqu'il
y a lieu de supposer qu'ils contiennent des matières dangereuses, ou que l'estimation
de leur valeur est exagérée. Le délai maximum pour la livraison d'un bagage est de
quarante-huit heures à partir de la présentation du récépissé. Le bagage non réclamé
après l'arrivée du train est gardé gratuitement pendant les vingt-quatre heures suivantes, et, moyennant une indemnité fixée par le tarif, pendant les quatorze jours à
compter du jour de son arrivée à la station. Ces quatorze jours écoulés, l'administration du chemin de fer doit publier dans les journaux trois avis consécutifs, et, si le
bagage n'est pas réclamé dans les quatre mois qui suivent la dernière publication, il
est vendu aux enchères publiques. La somme provenant de cette vente, après défal·

cation du montant dû au chemin de fer, doit être déposée dans un établissement de crédit de l'État. Si cette somme n'est pas réclamée par les ayants droit dans le délai d'une année, elle est acquise à la caisse de pensions ou de secours du chemin de fer.

Le *chapitre III*, relatif au transport des marchandises, comprend 49 articles dont les 5 premiers (43 à 47) contiennent des dispositions relatives à l'ouverture et à la fermeture des gares et à l'outillage des stations en ce qui concerne les emplacements destinés au dépôt des marchandises et le matériel affecté à leur conservation.

L'article 48 autorise la suspension momentanée de la réception des marchandises dans une station dont tous les emplacements destinés au dépôt sont encombrés. Cette suspension est décidée par l'Inspecteur du chemin de fer; la direction de l'entreprise doit prendre alors des mesures pour agrandir ses dépôts.

Les articles 49 et 50 obligent les chemins de fer à accepter toute marchandise dont le transport est autorisé [1], lors même qu'elle ne pourrait pas être expédiée le jour de son arrivée à la station. Dans ce cas, la marchandise doit être acceptée sous la condition qu'elle sera emmagasinée avant son départ. Cette condition est mentionnée sur la feuille d'expédition avec l'indication du jour du départ. La taxe pour l'emmagasinage des marchandises acceptées dans ces conditions est de un cinquième de kopeck par poud. Sont dispensées de cette taxe les marchandises suivantes : vivres, animaux vivants, transports militaires et les marchandises par charge complète, telles que : charbons, bois, minerais, etc.

Les articles 51 et 52 prescrivent que l'expédition des marchandises doit s'effectuer dans l'ordre de leur remise, sans nulle préférence pour aucun expéditeur ni aucune catégorie de marchandises, à l'exception de celles dont le transport est soumis aux règlements spéciaux approuvés par le Conseil des chemins de fer, et de celles dont l'expédition immédiate est exigée par l'intérêt de l'État.

D'après l'article 53, les délais correspondant à la livraison des marchandises sont déterminés par les directions des compagnies pour les communications locales et par les réunions des représentants des chemins de fer lorsqu'il s'agit du trafic direct; dans les deux cas, les décisions doivent être approuvées par le Conseil des chemins de fer [2].

Les articles 54 à 58 règlent l'emploi et la rédaction des lettres de voiture.

Les articles 59 et 60 établissent la responsabilité de l'expéditeur en ce qui concerne l'exactitude des déclarations portées sur la lettre de voiture, et autorisent les chemins de fer à vérifier le contenu, le poids et la valeur des envois. Si cette vérification amène à constater l'inexactitude de la déclaration relativement au contenu du colis et à son poids, l'expéditeur doit payer, outre la taxe complémentaire conforme au tarif, une amende, dont le montant est égal au double de la taxe de transport de la différence constatée.

Les articles 61 et 62 contiennent des prescriptions relatives à l'apposition des timbres sur les lettres de voiture et aux duplicata de ces dernières.

---

[1] Les marchandises non admissibles, ou admissibles sous certaines conditions, sont indiquées dans une liste établie par le Ministère des voies de communication.

[2] Les dispositions de cet article ont été complétées par l'Ordonnance impériale du 26 mars 1891, qui fixe les délais comme il suit :

Pour la petite vitesse :

48 heures pour l'expédition;

24 heures pour 150 verstes (160 kilom.) de parcours par charge complète et en trafic direct; et pour 120 verstes (128 kilom.) par colis isolés.

Pour la grande vitesse :

24 heures pour l'expédition et 24 heures pour 250 verstes (267 kilom.) de parcours.

D'après les articles 63 à 65, le chemin de fer a le droit de refuser l'admission d'une marchandise insuffisamment emballée, ou d'exiger que l'absence ou l'insuffisance de l'emballage soit indiquée dans la lettre de voiture. Lorsque l'insuffisance de l'emballage est dûment constatée, ou lorsque le chemin de fer peut prouver que les défauts d'emballage n'ont pu être reconnus à l'aspect extérieur au moment de la réception de la marchandise, la responsabilité de tout ce qui peut en résulter incombe à l'expéditeur.

L'article 66 oblige l'expéditeur à joindre à la lettre de voiture tous les documents nécessaires pour remplir les formalités en douane et satisfaire aux prescriptions d'octroi et de police avant la livraison de la marchandise.

Le chemin de fer qui enregistre la marchandise a le droit (art. 67) d'exiger d'avance le payement de la taxe de transport et des frais complémentaires, si la marchandise est sujette à une prompte altération, si la valeur de l'envoi ne garantit pas le montant prévu des frais de transport, ou lorsque, par suite de l'insuffisance d'emballage dûment constatée, on peut prévoir la perte d'une partie de la marchandise ou sa dépréciation.

Les articles 68 à 71 contiennent les dispositions suivantes relatives à la tarification:

Les taxes et les frais accessoires sont décomptés conformément aux tarifs légaux en vigueur et d'après les prescriptions relatives aux frais accessoires. Ces taxes et ces frais doivent être indiqués dans la lettre de voiture.

Les chemins de fer ne peuvent percevoir, pour le transport des marchandises, d'autres taxes que celles déterminées par les tarifs et les prescriptions relatives aux frais accessoires, mais ils ont droit au remboursement des droits de douane et des frais supportés par eux pour le compte de l'expéditeur pour le transport effectué en dehors de la voie ferrée.

Les chemins de fer n'ont pas le droit d'accorder à l'expéditeur des concessions sur les tarifs en vigueur lorsque ce dernier s'engage à expédier une quantité déterminée de marchandises dans un temps donné (ristourne); de même ils ne peuvent accorder à tel ou tel expéditeur des avantages spéciaux non basés sur les conditions réglementaires des tarifs. Toute convention de cette nature est interdite et déclarée sans effet.

Les articles 72 à 76 traitent du remboursement à l'expéditeur des taxes perçues en trop, du recouvrement par les compagnies des sommes dues par l'expéditeur, et des conditions pour les envois des marchandises contre remboursement.

Les articles 77 à 80 contiennent des prescriptions relatives au droit de disposer de la marchandise à son arrivée à destination et imposent aux chemins de fer l'obligation d'aviser le destinataire de l'arrivée de sa marchandise.

Conformément aux articles 81 à 84, la gare de destination est obligée de garder gratuitement les marchandises en petite vitessse pendant 48 heures et les marchandises en grande vitesse pendant 24 heures à partir de la date de l'arrivée, indiquée sur la lettre de voiture. Si la marchandise n'est pas enlevée dans les délais déterminés, le chemin de fer perçoit, après leur expiration, une taxe de magasinage suivant un taux déterminé par le Conseil des chemins de fer. Les marchandises sujettes à l'altération rapide doivent être retirées par le destinataire dans les délais déterminés par le Ministre des voies de communication de concert avec le Ministre de l'intérieur. Après l'expiration de ces délais, le chemin de fer peut vendre la marchandise aux enchères publiques, conformément aux dispositions arrêtées d'un commun accord par les mêmes ministres. Le produit de la vente, défalcation faite des frais dus au chemin de fer, doit être remboursé au propriétaire de la marchandise.

D'après l'article 85, la marchandise transportée sert de gage aux chemins de fer pour le remboursement des taxes de transport qui leur sont dues. Les chemins de fer possèdent à cet égard un privilège sur tous les autres créanciers.

Les articles 86 et 87 traitent de la livraison de la marchandise.

La perte de la marchandise ou les avaries qu'elle peut subir pendant le trajet ou à la station de destination doivent être constatées (art. 88 et 89) sans retard par un procès-verbal dûment dressé. Lorsqu'on retrouve la marchandise perdue avant le payement de l'indemnité correspondante, on en avise immédiatement l'ayant droit. Si la marchandise est retrouvée après le payement de cette indemnité, l'avis n'est obligatoire que dans le cas où l'ayant droit a exprimé le désir de le recevoir après les recherches effectuées. Le délai pour réclamer la marchandise retrouvée est de deux semaines à partir du jour de l'envoi de l'avis.

D'après l'article 90, les marchandises non retirées dans les trente jours à partir de la date de leur arrivée sont considérées comme abandonnées. Après l'expiration de ce délai, on avise l'expéditeur et l'on publie trois fois une annonce dans les journaux. Si l'expéditeur ou le destinataire ne se présente pas dans les trois mois à compter de la dernière publication, les marchandises sont vendues aux enchères publiques et l'on dispose du produit de la vente conformément à l'article 40 relatif à la vente des bagages.

Le *chapitre IV* contient les dispositions relatives à la responsabilité des administrations de chemins de fer en matière de transports.

D'après l'article 92, le chemin de fer est tenu d'indemniser toute personne qui a éprouvé des pertes ou préjudices par suite de mort ou de blessures résultant du fait de l'exploitation. Cette indemnité est accordée conformément à l'article 683 du Code civil.

L'article 93 oblige la compagnie à payer au voyageur indûment expulsé du train une indemnité équivalente au double du prix de son billet, lorsqu'il n'intente pas de procès en dédommagement.

D'après l'article 94, le chemin de fer n'est pas responsable, vis-à-vis des voyageurs, du retard au départ et à l'arrivée des trains. Toutefois la taxe payée par le voyageur muni d'un billet de circulation directe doit lui être remboursée lorsque le retard lui fait manquer le train de correspondance d'une autre ligne comprise dans le trajet direct et lorsque son billet cesse d'être valable le jour où le retard du train se produit. Si le voyageur retourne par le premier train à la station de départ, le chemin de fer doit lui rembourser en outre le prix du retour.

L'article 95 indique les formalités à remplir pour conserver le droit aux remboursements visés par l'article précédent.

Les articles 96 et 97 établissent comme il suit la responsabilité des chemins de fer en matière de dommages résultant de la perte ou de l'avarie de bagages :

Le chemin de fer est responsable s'il ne prouve pas que le dommage a eu pour cause un cas de force majeure, ou la nature même du bagage, ou une faute du voyageur.

En cas de perte ou d'avarie, le chemin de fer est tenu de payer :

1° Pour le bagage dont la valeur n'a pas été déclarée : 3 roubles (12 fr.) par livre (409 g. 5) au voyageur de 1re classe; 2 roubles (8 fr.) au voyageur de 2e classe, et 1 rouble (4 fr.) au voyageur de 3e classe;

2° Pour le bagage dont la valeur a été déclarée à l'enregistrement : en cas de perte, le montant de la valeur déclarée, et, en cas d'avarie, une somme variant avec le préjudice réel et déterminée proportionnellement à la valeur déclarée.

Les articles suivants, 98 à 120, traitent de la responsabilité des chemins de fer en matière de transport des marchandises.

Cette responsabilité commence à partir de la conclusion du contrat de transport (art. 98).

Pour le transport direct, la responsabilité incombe au chemin de fer expéditeur, au chemin de fer destinataire et à celui qui a occasionné le préjudice. L'ayant droit peut présenter sa réclamation à l'un de ces trois chemins de fer, à son choix (art. 99).

D'après l'article 100, en cas de refus irrégulier d'accepter la marchandise au transport, le chemin de fer contrevenant doit payer à l'expéditeur, par 25 pouds bruts (409$^k$ 5), le montant du triple salaire journalier d'un charretier. L'expéditeur peut refuser cette indemnité et poursuivre le chemin de fer, conformément aux dispositions du Code civil.

Lorsque la marchandise n'est pas expédiée à son tour de rôle (art. 51), le chemin de fer doit payer à l'expéditeur, conformément à l'article 101, pour chaque jour de retard, une indemnité équivalant à cinq fois la taxe journalière de magasinage (art. 81).

L'article 102 rend le chemin de fer responsable du dommage résultant de la perte ou de l'avarie de la marchandise, à partir de l'acceptation au transport jusqu'à la livraison. Le chemin de fer sera déchargé de cette responsabilité s'il prouve que le dommage a eu pour cause une faute de l'ayant droit ou l'exécution de ses ordres, le défaut ou l'insuffisance d'emballage, un vice propre de la marchandise (détérioration intérieure, déchet, coulage ordinaire, etc.), ou un cas de force majeure.

D'après l'article 103, le propriétaire de la marchandise a le droit de la considérer comme perdue si elle ne lui est pas livrée, malgré sa réclamation, dans les trente jours qui suivent l'expiration du délai fixé pour la livraison; le chemin de fer est obligé de lui payer sans retard une indemnité correspondant à cette perte. Si le destinataire n'a pas exigé, à la réception de la marchandise, que l'on vérifiât la quantité et l'état de conservation, une fois la marchandise livrée, il perd le droit de recours contre le chemin de fer pour les pertes ou avaries, sauf le cas où les prétentions sont élevées à propos des pertes et avaries qui ont été constatées par les procès-verbaux (art 88.)

D'après l'article 104, le chemin de fer n'est pas responsable :

*a*) De l'avarie survenue à la marchandise qui, en vertu des prescriptions [1], ou des conventions passées avec l'expéditeur, est transportée en wagons découverts, — en tant que l'avarie sera résultée du danger inhérent à ce mode de transport;

*b*) De l'avarie survenue à la marchandise qui, suivant la déclaration de l'expéditeur dans la lettre de voiture, est remise en vrac ou avec un emballage insuffisant, quoique par sa nature elle exige un emballage pour être à l'abri des pertes et avaries, — en tant que l'avarie sera résultée du manque ou de l'état défectueux de l'emballage;

*c*) De l'avarie survenue à la marchandise dont le chargement ou le déchargement était fait par l'expéditeur en vertu des prescriptions ou des conventions spéciales passées avec lui, — en tant que l'avarie sera résultée du danger inhérent à ces opérations;

*d*) De l'avarie survenue aux marchandises qui sont exposées, par leur nature, au danger de se perdre en tout ou en partie, ou d'être avariées, notamment à la suite de bris, rouille, altération intérieure, coulage et dessiccation, — en tant que l'avarie est résultée d'une des causes précitées;

*e*) De l'avarie survenue aux animaux vivants, — en tant que l'avarie est résultée du danger particulier que le transport de ces animaux entraîne pour eux;

*f*) De l'avarie survenue aux marchandises et bestiaux, dont le transport, aux

---

[1] La liste des marchandises pouvant être transportées en wagons découverts a été publiée dans le *Journal du Ministère des voies de comunication*, n° 19. 1838.

termes des dispositions réglementaires ou des conventions passées avec l'expéditeur, ne s'effectue que sous escorte, — en tant que l'avarie est résultée du danger que l'escorte a pour but d'écarter.

D'après l'article 105, la responsabilité résultant du contrat de transport ne s'applique pas aux objets qui, bien qu'exclus du transport ou admis seulement sous certaines conditions, auraient été néanmoins expédiés sous une déclaration incorrecte ou inexacte, ou pour lesquels l'expéditeur n'aurait pas pris les mesures de sécurité prescrites.

En ce qui concerne les marchandises qui, en raison de leur nature, subissent par le fait seul du transport un déchet de poids, le chemin de fer n'est responsable de cette diminution qu'autant qu'elle dépasse la tolérance déterminée par les dispositions réglementaires approuvées par le Conseil des chemins de fer [1].

En cas de perte totale de la marchandise sujette au déchet de route, l'indemnité de ce chef ne pourra subir aucune déduction résultant dudit déchet (art. 106).

Les articles 107 à 109 traitent de l'indemnité due par le chemin de fer pour perte totale ou partielle de la marchandise. Cette indemnité doit être calculée d'après les prix courants, ou, à défaut de ces prix, d'après la valeur attribuée aux marchandises similaires de même qualité, dans la localité et au moment où la marchandise devait être livrée.

L'expéditeur désirant s'assurer d'avance le montant de l'indemnité peut déclarer la valeur de la marchandise dans la lettre de voiture, en payant, à cet effet, au chemin de fer une prime spéciale déterminée par le tarif.

En vertu de l'article 113, les dispositions ci-dessus sont applicables au cas prévu par l'article 10.

L'article 110 rend le chemin de fer responsable de l'inobservation des délais de livraison (art. 53), à moins qu'il ne prouve que le retard provient d'une circonstance indépendante de son fait.

En cas de retard dans la livraison, le propriétaire de la marchandise a droit à une indemnité équivalant à 5 p. o/o du prix de transport par vingt-quatre heures de retard, lors même que le retard ne lui porterait aucun préjudice. Néanmoins, la somme totale de cette indemnité ne doit pas dépasser le montant du prix de transport de la marchandise.

Les articles 111 et 112 traitent des réclamations et des indemnités. Ces dernières doivent être payées dans le délai d'un mois à partir du jour de la réclamation. Après ce délai, le chemin de fer doit rembourser à l'ayant droit, indépendamment du montant de l'indemnité, les intérêts correspondants pour tout le temps écoulé à partir du jour de la réclamation jusqu'à la date du remboursement.

Les articles 114 à 120 règlent la responsabilité mutuelle des chemins de fer coparticipant au transport direct.

Cette responsabilité peut être déterminée par des conventions à l'amiable entre les chemins de fer de communication directe. A défaut de conventions de cette nature, on devra se conformer aux prescriptions suivantes :

Le chemin de fer qui a touché la somme due pour le transport est tenu de rembourser aux autres chemins de fer coparticipant au transport les fractions de cette somme qui leur sont dues respectivement.

Le chemin de fer qui a payé une indemnité a le droit d'exercer un recours contre les chemins de fer qui ont concouru au transport, conformément aux dispositions

---

[1] Les limites normales des déchets de poids sont indiquées dans la décision ministérielle publiée au *Journal du Ministère des voies de communication*, 1887, n° 16, p. 169, et n° 36, p. 632.

suivantes : *a*) le chemin de fer par la faute duquel le préjudice a été causé en est seul responsable ; *b*) lorsque le dommage a été causé par le fait de plusieurs chemins de fer, chacun d'eux répond du préjudice occasionné par sa propre faute ; *c*) lorsque la détermination des responsabilités partielles est rendue impossible par les circonstances, tous les chemins de fer intéressés au transport, à l'exception de ceux qui prouveront que le préjudice n'a pas été occasionné sur leurs lignes, répondront du dommage proportionnellement au prix de transport que chacun d'eux aurait perçu conformément au tarif, en cas de l'exécution régulière du transport.

Dans le cas d'insolvabilité de l'un des chemins de fer coparticipant au transport, le préjudice qui en résulterait pour le chemin de fer qui a payé l'indemnité sera réparti entre tous les chemins de fer qui ont pris part au transport, proportionnellement au prix de transport revenant à chacun d'eux.

Les règles énoncées ci-dessus sont applicables également en cas de retard. Si le retard a pour cause une faute collective de plusieurs chemins de fer, la responsabilité de chacun d'eux est déterminée proportionnellement à la durée du retard sur leurs réseaux respectifs.

A défaut de conventions spéciales, les dispositions réglementaires édictées par le Conseil des chemins de fer déterminent la manière dont le délai de livraison doit être réparti entre les divers chemins de fer qui participent au transport.

Le chemin de fer qui veut exercer son recours doit former sa demande dans une seule et même instance contre tous les chemins de fer intéressés, sous peine de perdre tout droit de recours contre les chemins de fer non actionnés.

Le juge doit statuer par un seul et même jugement. Les chemins de fer actionnés ne pourront pas exercer un recours ultérieur.

## DEUXIÈME PARTIE.

### Dispositions relatives à la juridiction, à la prescription et à l'exécution des jugements rendus contre les chemins de fer.

D'après les articles 121 à 123 du *chapitre I<sup>er</sup>*, toute personne à laquelle l'exploitation du chemin de fer a porté préjudice, soit dans sa personne, soit dans ses biens, peut présenter sa réclamation d'indemnité à l'administration du chemin de fer, ou intenter une action judiciaire. La personne lésée qui a adressé une réclamation d'indemnité à l'administration du chemin de fer ne peut intenter d'action judiciaire pour le même motif qu'après refus complet ou partiel, de la part du chemin de fer, de faire droit à sa réclamation, ou après le délai de 30 jours à compter de la présentation de sa demande, si la réclamation est relative au transport local ou à un accident de personne, et de deux mois si la réclamation a trait à un transport de communication directe.

La réclamation doit être faite par écrit, et contenir la détermination du montant de l'indemnité demandée et l'adresse du réclamant; elle doit être accompagnée des pièces à l'appui. L'administration du chemin de fer est tenue d'informer le réclamant de son adhésion ou de son refus de satisfaire à la demande de ce dernier.

D'après l'article 124, la personne qui intente au chemin de fer une action en réparation, sans lui avoir présenté au préalable sa réclamation, ou avant l'expiration du délai prescrit par l'article 122, perd tout droit au remboursement des frais du procès, dans le cas où le chemin de fer reconnaît, en tout ou en partie, le bien-fondé de sa demande devant le tribunal. Le demandeur doit en outre restituer au chemin de fer poursuivi le montant des frais précités, si l'indemnité demandée lui est accordée en entier, et, dans le cas contraire, une somme proportionnelle à l'indemnité accordée.

Les principales dispositions des articles 125 à 134, qui traitent de la compétence judiciaire et de la procédure, peuvent se résumer ainsi :

Les procès intentés aux chemins de fer et par les chemins de fer, y compris les chemins de fer de l'État, se jugent devant les tribunaux civils. Toute action en réparation des préjudices résultant du fait de l'exploitation peut être intentée, à la volonté du plaignant, soit dans la localité où siège l'administration du chemin de fer, soit au lieu où se trouve la station de départ ou d'arrivée, soit à l'endroit où s'est produit l'accident ayant causé le préjudice.

Les poursuites ayant trait au transport direct des marchandises peuvent être intentées, d'après l'article 128, ou au chemin de fer expéditeur, ou au chemin de fer dernier transporteur, ou à celui sur lequel le dommage a été occasionné.

En cas de procès entre les chemins de fer, à raison de leur responsabilité solidaire dans la participation à l'exécution des contrats relatifs aux transports directs, l'action doit être intentée devant la juridiction dans le ressort de laquelle se trouve le siège de la Direction du chemin de fer défendeur.

Le chemin de fer poursuivi en réparation des préjudices relatifs au transport direct a le droit de demander au tribunal que l'on engage dans le procès, en qualité de tiers, les autres chemins de fer ayant pris part avec lui au transport en question.

Le plaignant qui arrête le procès contre un chemin de fer après l'avoir cité devant une cour de justice perd le droit de renouveler les mêmes poursuites devant une autre cour. De même, la cessation des poursuites relatives au transport direct, après l'envoi de la citation à un des chemins de fer coparticipant à ce transport, prive le plaignant du droit d'actionner les autres chemins de fer contre lesquels il pouvait avoir recours d'après la teneur de l'article 128.

Le *chapitre II* traite de la prescription.

D'après les articles 135 à 137, le délai pour intenter aux chemins de fer des actions en réparation des préjudices occasionnés par l'exploitation et en restitution des taxes perçues en trop ne doit pas dépasser un an. Après l'expiration de ce délai, les chemins de fer perdent également le droit de poursuites pour les préjudices occasionnés par les voyageurs ou les expéditeurs des marchandises, ainsi que pour le remboursement des frais. Ce délai est également applicable aux réclamations pouvant surgir entre les chemins de fer participant au transport direct.

Le *chapitre III* est relatif à l'exécution des jugements rendus contre les chemins de fer.

D'après les articles 138 à 144, un chemin de fer forme avec tout son matériel une propriété immobilière et indivisible. En conséquence, les objets lui appartenant et les capitaux en caisse ne peuvent être mis sous séquestre.

Les administrations et les particuliers poursuivant l'exécution de décisions judiciaires ou ayant le droit de présenter des réclamations incontestables doivent adresser au chemin de fer des assignations et des sommations en payement des sommes dues par ce dernier. Faute de remboursement dans le délai de trois mois, le poursuivant peut s'adresser à la juridiction compétente pour demander la mise en faillite de la compagnie qui exploite la ligne débitrice. La déclaration de faillite a pour effet l'administration immédiate du chemin de fer par l'État et la liquidation de la compagnie en faillite.

Après avoir pris l'administration du chemin de fer en faillite, l'État a le droit : *a*) de continuer temporairement l'exploitation de la ligne pour le compte de la compagnie, en employant à indemniser les créanciers l'excédent des recettes qui reste après le payement de tous les frais d'exploitation et des intérêts et amortissement des obligations garanties par la propriété de la compagnie ; ou *b*) de procéder au rachat du chemin de fer, sans attendre le terme fixé à cet effet par les statuts de la compagnie ; ou *c*) de vendre le chemin de fer.

Le choix d'un de ces modes de procéder appartient au Conseil des chemins de fer, dont la décision à cet égard est soumise à l'approbation impériale par le comité des Ministres.

L'exploitation temporaire par l'État ne peut être prolongée au delà du terme de la liquidation définitive de la compagnie en faillite, et, dans tous les cas, ne peut durer plus de cinq ans.

En cas de rachat par l'État, ce dernier n'est responsable vis-à-vis des créanciers que du montant du rachat.

A défaut de conventions spéciales entre l'État et la compagnie, le rachat s'effectue d'après les conditions stipulées dans les statuts du chemin de fer.

## TROISIÈME PARTIE,

### Dispositions relatives à la police des chemins de fer.

Le *chapitre I<sup>er</sup>* édicte les prescriptions applicables au public.

Aux termes des articles 145 à 154, il est défendu d'endommager le matériel du chemin de fer, d'entraver la régularité et la sécurité du trafic, de circuler sur la plate-forme de la voie, de traverser les passages à niveau lorsque les barrières sont fermées, d'ouvrir ou de fermer les barrières, de déplacer les aiguilles et les signaux et de laisser circuler ou stationner les bestiaux sur la plate-forme de la voie.

Les articles 155 et 156 contiennent les dispositions relatives à la jouissance des gares, des bâtiments des stations et des emplacements spéciaux.

Les articles 157 et 158 établissent les conditions dans lesquelles peut avoir lieu la réquisition des habitants des localités voisines de la voie pour porter secours en cas d'accident arrivé au train pendant le trajet, ou lorsque le train est arrêté par les avalanches de neige.

Les articles 159 à 163 contiennent les dispositions relatives aux plaintes du public contre les agents des chemins de fer et aux indemnités à payer pour les dégâts causés par les voyageurs.

D'après l'article 164, les chefs de la gendarmerie chargée de la police des voies ferrées et les directions de chemins de fer peuvent prendre des dispositions spéciales motivées par les conditions locales, en ce qui concerne la circulation et le séjour des personnes étrangères sur la plate-forme de la voie et dans les trains. Ces dispositions deviennent obligatoires après leur approbation par le Conseil des chemins de fer [1].

Le *chapitre II* contient les prescriptions à observer pour les administrations de chemins de fer.

Les articles 165 à 172 traitent de l'établissement et de l'entretien des passages à niveau, des passages supérieurs et des passages inférieurs, de l'entretien de la voie et du matériel roulant, de la fermeture des bâtiments affectés aux voyageurs pour cause de réparation, de l'entretien des gares et de leurs annexes, de l'établissement des buffets

---

[1] Les prescriptions contenues dans ce chapitre sont complétées par les décisions ministérielles, les circulaires du Département des Chemins de fer et les règlements publiés dans les annexes 19 à 24 de l'ouvrage intitulé : «Систематическій сборникъ дѣйствующихъ на русскихъ желѣзныхъ дорогахъ узаконеній и распоряженій Правительства.» Часть I. Составилъ Брюл. (*Recueil systématique des lois et des dispositions du Gouvernement qui régissent les chemins de fer russes*, par Brul, 1<sup>re</sup> partie, p. 145 à 182.)

et de la surveillance à exercer sur la qualité et les prix des produits alimentaires et des boissons débités dans les buffets.

D'après l'article 173, les voitures à voyageurs doivent être construites d'après les types et conformément aux prescriptions approuvées par le Ministre des Voies de communication.

Les articles 174 à 179 contiennent des dispositions relatives aux secours médicaux, aux mesures sanitaires en ce qui concerne l'entretien des bâtiments des stations et leurs annexes, au concours des gares en cas d'incendie dans les localités avoisinant la ligne, aux registres des plaintes et à l'affichage des règlements et décisions concernant la fréquentation des gares.

Les articles 180 à 182 règlent la surveillance à exercer par les agents de l'inspection et par la gendarmerie, au sujet de l'application, par le chemin de fer, des prescriptions contenues dans le présent chapitre.

Le *chapitre III* traite de la surveillance de police sur les chemins de fer.

La surveillance relative à l'ordre intérieur, à la tranquillité et à la sécurité publiques sur les chemins de fer est confiée, par l'article 183, aux agents de la gendarmerie chargée de la police des chemins de fer, qui remplissent à cet égard les fonctions de la police ordinaire en usant de tous les droits de cette dernière [1].

D'après l'article 184, le rayon d'action de la gendarmerie chargée de la police des voies ferrées s'étend sur tous les terrains expropriés pour l'usage des chemins de fer, sur toutes les constructions et sur le matériel.

Les articles 185 à 187 imposent aux agents des chemins de fer l'obligation : d'aider les autorités de la gendarmerie, chargée de la police des voies ferrées, dans l'accomplissement de leurs devoirs; d'informer sans retard ces autorités de tous les faits ayant le caractère de crimes ou de délits, et de fournir, sur la demande de la police des chemins de fer, tous les renseignements qui lui sont nécessaires pour remplir ses devoirs.

Les prescriptions détaillées relatives à l'assistance due par les agents des chemins de fer à la gendarmerie chargée de la police des voies ferrées, font l'objet de règlements spéciaux.

## CONDITIONS GÉNÉRALES DES CONCESSIONS.

### *Mode de concession.*

Jusqu'en 1873, la concession d'un chemin de fer en Russie était faite dans des conditions qui laissaient au concessionnaire toute initiative pour la rédaction des projets et la constitution de la société chargée d'assurer l'exécution de l'entreprise et son fonctionnement.

Il n'en est plus ainsi depuis la mise en vigueur du règlement sanctionné par le Tzar à la date du 30 mars 1873 [2].

D'après ce règlement, le Ministre des voies de communication fait procéder chaque année aux études et à la rédaction des projets des lignes comprises dans le *programme général* approuvé par le Tzar, et des lignes nouvelles à ajouter à ce programme en raison des nouveaux besoins économiques ou politiques de l'Empire. De concert avec

---

[1] Les devoirs et les droits de la gendarmerie chargée de la police des chemins de fer se trouvent exposés dans les circulaires et les règlements insérés dans le « Сборникъ министерскихъ постановленій ». (*Recueil des décisions ministérielles*, VI, p. 122 et 127, et VII, p. 246 et 289.)

[2] Статистическій сборникъ Министерства Путей Сообщенія. — Часть, Iя, 1873 по 1875 г. (*Recueil statistique du Ministère des voies de communication*, 1re partie, 1873-1875.)

le Ministre des finances, il fait connaître ensuite, en Comité des Ministres, son avis sur les lignes dont la construction peut être commencée dans le courant de l'année suivante, ainsi que l'estimation de la dépense afférente à chacune d'elles.

Lorsque les conclusions du Comité des Ministres ont été approuvées, le Ministre des voies de communication lui soumet des propositions sur les voies et moyens d'exécution, suivant que les lignes doivent être construites par l'État ou par l'industrie privée. Il présente, en même temps, pour les lignes de cette dernière catégorie, le projet des statuts ainsi que les projets relatifs à la construction et à l'exploitation; puis, d'accord avec le Ministre des finances, il nomme une Commission de trois membres, représentant le Ministère des voies de communication, le Ministère des finances et le Contrôle de l'Empire. Cette Commission fait appel au public pour les souscriptions, répartit les titres et réunit l'assemblée générale des actionnaires pour la nomination du Conseil d'administration.

Si, parmi les lignes désignées comme devant être confiées aux compagnies privées, il en est qui s'embranchent sur des chemins de fer ayant fait l'objet de concessions antérieures, on les ajoute de préférence à ces dernières.

### Durée des concessions.

La durée des concessions varie en Russie entre 50 et 85 ans.

Seule, la concession du chemin de fer de Tzarskoe-Selo, qui remonte à 1836, a été faite sans limitation de durée.

### Droits de l'État en fin de concession.

Les droits de l'État à l'expiration normale de la concession sont, en général, déterminés par les actes de concession comme il suit : l'État se réserve l'entrée en possession immédiate et gratuite du chemin de fer et de toutes ses dépendances, mobilières et immobilières, en indemnisant seulement la compagnie des objets mobiliers (locomotives, wagons, machines, meubles et outils) qu'elle pourrait avoir ajoutés au matériel primitif.

Toutes les autres propriétés que la Compagnie aurait acquises en dehors de la concession peuvent être conservées par elle, sous la réserve, par le Gouvernement, d'en exiger la cession d'un commun accord ou à dire d'experts.

### Droit de rachat.

Le droit de racheter les lignes concédées est, en général, réservé à l'État après l'expiration des vingt premières années d'exploitation.

Pour régler le prix du rachat, on relève les produits nets annuels obtenus pendant les sept années qui précèdent celle où le rachat doit être effectué; on en déduit les produits nets des deux plus faibles années, et l'on évalue le produit net moyen des cinq autres années.

Ce produit net moyen représente le montant de l'annuité à payer à la Compagnie pendant chacune des années restant à courir sur la durée de la concession.

Dans aucun cas, le montant de l'annuité ne doit être inférieur ni au produit de la dernière des sept années prises pour terme de comparaison, ni à la somme annuelle des intérêts garantis par l'État.

Dans certaines concessions, comme, par exemple, celle de la Compagnie du chemin de fer de Péterhof, le délai minimum pour le rachat par l'État est fixé à 15 ans, comptés à partir de l'ouverture de la ligne.

### Concours financier de l'État.

Le concours financier de l'État varie suivant les cas.

Dans la concession faite à la «Grande Société des chemins de fer russes» l'État

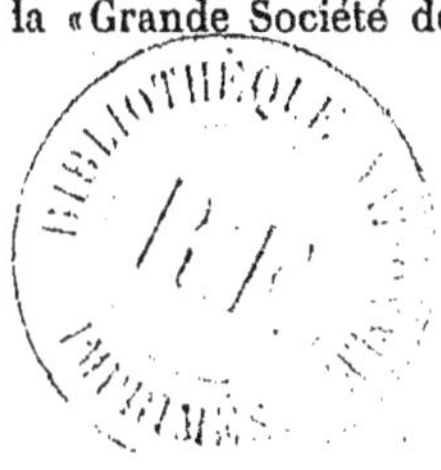

accordait à cette compagnie [1] une garantie d'intérêts de 5 p. o/o ; en outre, pour certaines lignes et pour une période de 30 ans, une subvention annuelle de 5,000 fr, par verste livrée à l'exploitation et, pour d'autres chemins, une subvention en capital. La garantie fut augmentée ultérieurement de 1/24 pour l'amortissement. Les avances de l'Etat étaient remboursables, sans intérêts, sur les excédents du produit net au-dessus de 6 p. o/o.

Dans la concession du chemin de fer de Poti à Tiflis [2] (25 juin 1867), le Gouvernement s'engageait à garantir un revenu net de 5 p. o/o par an et 1/10 d'amortissement, en tout 5 1/10 p. o/o, applicable au capital social.

Cette garantie était accordée pour toute la durée de la concession.

Les sommes versées par le Trésor pour le payement entier ou partiel du revenu net devaient être comptées comme des avances et restituées à l'État sur le produit net de l'exploitation de la ligne excédant le taux de 5, 1/10 p. o/o; ce payement ne pouvait être prélevé que sur la moitié de l'excédent, dont la seconde moitié devait rester dans les mains de la Compagnie.

Dès que toutes les avances faites par le Trésor, en y ajoutant un intérêt de 4 p. o/o, étaient remboursées, le surplus du produit net devait appartenir en propre à la Compagnie.

Avant le prélèvement des 5 p. o/o et de 1/10 p. o/o nécessaires pour le service des intérêts et de l'amortissement et préalablement à la déduction à opérer pour le remboursement des avances faites par l'État, la Compagnie était autorisée à prélever, sur le produit net de l'entreprise, 5 p. o/o dans le courant des dix premières années et 2 p. o/o pendant les années suivantes, pour former un fonds de réserve qui ne devait pas dépasser 2 millions de francs (500,000 roubles) tant que le Trésor serait obligé de faire à la Compagnie des avances à titre de garantie.

A l'expiration de la concession, et les dettes de la Compagnie étant acquittées, ce qui reste du fonds de réserve doit être réparti entre les actionnaires.

Des clauses à peu près analogues se retrouvent dans les autres concessions accordées aux entreprises plus récentes dans lesquelles le Trésor se trouve intéressé.

D'après les statuts de la Compagnie du chemin de fer de Vladicaucase, qui ont été modifiés et complétés en 1884 [3], l'État accordait à cette entreprise une garantie d'intérêt de 5 p. o/o sur les obligations. La même garantie était accordée jusqu'en 1887 en ce qui concerne le capital actions; mais, pendant les douze années suivantes, le taux de cette garantie devait être successivement diminué jusqu'à 1 p. o/o.

*Facilités accordées par l'État aux compagnies.*

D'autres facilités sont accordées par le Gouvernement aux concessionnaires; ce sont notamment : la concession gratuite des terres incultes appartenant à la couronne et situées sur le tracé; l'autorisation d'extraire les matériaux de construction sur toutes les terres incultes non boisées et non affermées appartenant à l'État; l'exemption, pendant la période de construction, de tous impôts ainsi que des droits de douane ou autres sur le matériel nécessaire à l'établissement et à la mise en service de la

---

[1] *Traité des Chemins de fer,* par Picard. — Tome II, Paris, 1887.

[2] Сборникъ свѣдѣній о желѣзныхъ дорогахъ въ Россіи. — 1868, отдѣлъ III. (*Recueil de renseignements sur les chemins de fer russes.* 1868, 3ᵉ partie, *Législation.*)

[3] Статистическій сборникъ Министерства Путей Сообщенія. — Выпускъ XII-й. (*Recueil statistique du Ministère des voies de communication. Volume XII.*)

ligne; le concours des troupes pour l'exécution des travaux, et enfin l'exonération de tous droits de timbre et autres pour tout ce qui à rapport à la formation du capital.

### Tarifs.

Dans la première concession, accordée en 1836, à la Compagnie du chemin de fer de Tzarskoé-Selo, la fixation des tarifs a été laissée à l'appréciation de cette Compagnie.

Dans la concession du chemin de fer de Péterhof (1856), le Gouvernement s'est au contraire réservé le droit d'homologuer les tarifs établis par la Compagnie.

L'article 12 des statuts de la «Grande Société des chemins de fer russes» (3 novembre 1861) fixe les taxes maxima [1] pour les transports des voyageurs et des marchandises.

Les limites indiquées dans cet article ne doivent en aucun cas être dépassées par la Compagnie sans l'approbation du Gouvernement. La Société peut néanmoins abaisser à son gré les taxes de transport des marchandises, sur tout ou partie du parcours de ses lignes, à la condition que la taxe kilométrique décroisse avec l'accroissement de la distance.

Un tarif qui a été une fois réduit peut être relevé dans les limites des maxima fixés par l'article 12, mais sous la réserve que la réduction ait été appliquée pendant trois mois et que le relèvement ait été porté à la connaissance du public un mois d'avance.

Au cas où la Compagnie consentirait, dans certaines conditions, une réduction de tarif à un expéditeur ou à un entrepreneur de transports, elle serait tenue d'accorder la même réduction à tous les autres expéditeurs ou entrepreneurs de transports remplissant les mêmes conditions, afin qu'en aucun cas, une préférence ne puisse exister.

Le même article des statuts autorise la «Grande Société des chemins de fer russes» à percevoir, indépendamment de la taxe de transport, des frais accessoires non mentionnés au tarif; mais ces frais ne peuvent être perçus que sur des bases approuvées par le Gouvernement.

Les dispositions de l'article 12 des statuts de la «Grande Société des chemins de fer russes» ont servi de modèle aux concessions ultérieures, et les maxima adoptés dans cet article servent encore de base à la plupart des tarifs russes.

Dans les statuts des autres Compagnies, on trouve généralement une clause ainsi conçue : «La Compagnie n'est pas autorisée à élever le taux du tarif au-dessus du prix «adopté dans les statuts de la Grande Société des chemins de fer russes.»

Toutefois, dans certaines concessions, comme celle du chemin de fer de Poti à Tiflis, le Gouvernement s'est réservé le droit de fixer un taux plus élevé, mais sans pouvoir dépasser de plus de 50 p. o/o le prix adopté dans les statuts de la « Grande Société des chemins de fer russes.»

### Transports postaux.

Les obligations relatives aux transports postaux insérées dans les statuts des Compagnies peuvent être résumées comme il suit :

Le transport de toute correspondance de la poste et des employés qui y sont attachés est gratuit. La Compagnie doit affecter à cet usage, dans chaque train ordinaire de voyageurs, un compartiment de 1 1/2 sagène (3 m. 20) ou une voiture de 3 sa-

---

[1] On trouvera l'énumération de ces taxes dans les statuts de la *Grande Société des chemins de fer russes*, insérés à la page 420 de la publication officielle : Сборникъ свѣдѣній о желѣзныхъ дорахъ въ Россіи. — Отдѣлъ III, 1867 (*Recueil des renseignements sur les Chemins de fer russes*, 3ᵉ partie, 1867), ou dans l'édition française du *Traité général des tarifs de Chemins de fer*, par Ulrich. Paris, 1890.

gênes (6 m. 40) de long. L'expédition des wagons appartenant à la poste, dans les trains ordinaires de voyageurs, se fait en général aux conditions du règlement adopté pour le transport de la poste sur le chemin de fer Nicolas et d'un commun accord avec le Ministre des postes et des télégraphes. D'après ce règlement, l'indemnité due au chemin de fer, pour le parcours d'un wagon postal entre Saint-Pétersbourg et Moscou, est de 85 roubles (340 fr.)

L'Administration des postes et les agents du Gouvernement ont le droit de requérir pour des affaires de service l'expédition d'un train spécial. L'indemnité due à la Compagnie dans ce cas est de 1 1/2 rouble par verste de parcours.

### Télégraphe.

En ce qui concerne le télégraphe, le Gouvernement se réserve le droit de placer ses fils sur les poteaux télégraphiques des compagnies de chemins de fer et oblige celles-ci à veiller à la conservation de ces fils sans aucune rémunération de la part du Trésor.

### Frais de contrôle.

Pour couvrir les dépenses du contrôle du Gouvernement, les Compagnies sont tenues de payer au Trésor, chaque année, une somme, variable suivant les cas, par verste en construction et fixée à 1/2 p. o/o du revenu brut par verste en exploitation.

Dans la plupart des concessions récentes, on a ajouté l'obligation de payer annuellement 15 roubles par verste pour l'entretien des écoles [1] de chemins de fer.

## IMPÔTS SUR LES TRANSPORTS PAR CHEMINS DE FER.

La loi du 26 décembre 1878 [2], qui est actuellement en vigueur, fixe comme il suit l'impôt sur les transports par chemins de fer :

Cet impôt est de 25 p. o/o du prix perçu par la Compagnie pour le transport des voyageurs de 1re et de 2e classe et de 15 p. o/o pour les voyageurs de 3e classe.

En ce qui concerne la quatrième classe, l'impôt n'est perçu que dans le cas où le prix de transport d'un voyageur excède 3/4 d'un copeck (o fr. o3) par verste; il est alors de 15 p. o/o, comme pour les voyageurs de troisième classe.

L'impôt à prélever sur le transport des voyageurs des trains spéciaux est de 25 p. o/o.

Le même taux s'applique au transport des bagages et des marchandises en grande vitesse. Mais l'ordonnance du 4 mars 1880 [3] en a exonéré toutes les marchandises transportées en grande vitesse au prix de la petite vitesse.

Le montant de l'impôt perçu doit être indiqué sur chaque billet de voyageur et sur les lettres de voitures et les récépissés.

Le Ministre des finances, le Ministre des voies de communication et le Contrôleur impérial édictent les règlements relatifs à la perception de cet impôt et à la comptabilité y afférente [4].

---

[1] Ces écoles ont pour but de donner aux enfants des agents des chemins de fer l'instruction technique nécessaire pour obtenir les emplois de mécanicien, chauffeur, contremaître d'atelier, etc.

[2] Собраніе Узаконеній. — 1878, *№ 208. (Recueil des ordonnances.)*

[3] Журналъ Министерства Путей Сообщенія. — 1880, *№ 14. (Journal du Ministère des voies de communication.)*

[4] Les règlements et les circulaires régissant la matière se trouvent dans : Систематическій сборникъ узаконеній и распоряженій Правительства. — Часть II, отдѣлъ v; Брюль. *(Recueil systématique des ordonnances et des dispositions du Gouvernement, 2e partie, chapitre v, par Brul.)*

## CONTRÔLE ET SURVEILLANCE DE L'ÉTAT.

Le contrôle de l'État sur les chemins de fer concédés est réparti, en Russie, entre le Ministère des voies de communication, le Ministère des finances et le Contrôle de l'Empire.

### I. CONTRÔLE ET SURVEILLANCE EXERCÉS PAR LE MINISTÈRE DES VOIES DE COMMUNICATION.

Le contrôle technique et administratif est actuellement assuré, sous la haute autorité du Ministre des voies de communication, assisté du Conseil de son départe ment [1], par les inspecteurs de l'exploitation et ceux de la construction, par les directeurs nommés par le Gouvernement pour siéger dans les administrations des compagnies, par les inspecteurs des ateliers et par le Conseil des chemins de fer.

#### Inspection des chemins de fer concédés en exploitation.

Le réseau entier exploité par des compagnies est divisé en un certain nombre de réseaux partiels, qui, suivant l'étendue des lignes qu'ils comprennent, sont constitués soit par une seule entreprise, soit par un groupe de compagnies voisines.

Chaque réseau partiel est soumis au contrôle et à la surveillance d'une inspection comprenant un inspecteur principal, un certain nombre d'inspecteurs de section, un ingénieur attaché et un personnel de bureau.

En 1890, le réseau exploité par les compagnies était soumis au contrôle de 16 inspections, comprenant 58 inspecteurs de section. Le personnel total des inspections s'élevait à 91 fonctionnaires et employés, avec un budget annuel de 356,540 roubles (1,426,160 francs) [2].

*Attributions des inspecteurs principaux de l'exploitation des chemins de fer concédés.*

Aux termes du décret du 11 mars 1887 [3], les inspecteurs principaux veillent à l'application des lois, statuts et prescriptions du Gouvernement. Ils ont le droit de compulser tous les documents relatifs à la gestion des compagnies soumises à leur contrôle et d'assister aux assemblées générales des actionnaires de ces compagnies. Leur surveillance s'exerce sur l'entretien de la voie et des ouvrages qui en dépendent, du matériel fixe et du matériel roulant, sur la composition et le mouvement des trains, sur la régularité et la sécurité de l'exploitation, sur l'exécution des travaux de réfection et des travaux complémentaires, afin de s'assurer si elle est conforme aux projets approuvés par le Ministère des voies de communication; et sur l'application régulière des tarifs et la perception des taxes.

Ils inspectent, au moins tous les quatre mois, la voie, ses dépendances ainsi que le matériel fixe et le matériel roulant; ils approuvent, s'il y a lieu, les dispositions prises par les directions des compagnies de leur ressort, touchant la sécurité, la régularité et la commodité des transports, et ils adressent au Ministre des voies de communication des rapports trimestriels et annuels sur l'état de la voie, du matériel et sur l'exploitation.

---

[1] Aux termes du décret du 6 juillet 1884, le Conseil du Ministère des voies de communication est composé de deux sections : le Conseil technique et le Conseil administratif.

[2] Ordonnance impériale du 27 octobre 1889.

[3] Журналъ Министерства Путей сообщенія. 1887 г., n° 13, стр. 131. (*Journal du Ministère des voies de communication.* Année 1878, n° 13, p. 131).

Ils transmettent en outre au *Département des chemins de fer*[1], dont ils dépendent directement, les procès-verbaux des inspections de la voie et du matériel, les demandes d'approbation des instructions pour le personnel de l'exploitation, ainsi que les demandes d'approbation des projets de travaux de renouvellement ou de réfection.

Ils avisent directement le Ministre des voies de communication de chaque accident, des infractions des compagnies aux règlements établis et du refus d'obtempérer aux injonctions de l'inspection.

### Attributions des inspecteurs de section.

Les inspecteurs de section sont chargés, sous les ordres de l'inspecteur principal, de veiller à l'application des lois et règlements en vigueur, sur l'entretien de la voie et du matériel, sur le mouvement et la traction, sur la compétence du personnel dont dépend la sécurité et la régularité du service de l'exploitation, et sur l'exécution des travaux de réfection ou des travaux complémentaires, dans l'étendue de leur section.

En cas d'infraction aux lois ou règlements en vigueur, ils en avisent le préposé du service local de la compagnie et l'inspecteur principal.

Ils font des tournées fréquentes, visitent au moins trois fois par an toute l'étendue de leur section et adressent à leur chef hiérarchique des rapports détaillés sur toutes les affaires ressortissant à leur service.

Ils doivent se transporter sur les lieux en cas d'accident de train, prendre des mesures pour rétablir le service interrompu par une cause quelconque et en aviser l'inspecteur principal.

Ils traitent directement avec les chefs de service locaux, les affaires qui n'exigent pas l'intervention de l'inspecteur principal auprès de la Direction de la compagnie [2].

### Inspection des chemins de fer concédés en construction.

Outre les inspections des lignes en exploitation, le Ministère des voies de communication institue, au fur et à mesure des besoins, les inspections des chemins de fer en construction.

Suivant l'importance de l'entreprise, ces inspections se composent d'un inspecteur principal et d'un adjoint, ou d'un inspecteur principal assisté d'un certain nombre d'inspecteurs de section.

Les inspecteurs principaux des lignes en construction sont chargés, avec le concours des inspecteurs de section, de veiller à ce que l'exécution des travaux neufs soit faite conformément aux projets approuvés, aux conditions des statuts, aux prescriptions administratives et aux règles de l'art.

Ils contrôlent la qualité des matériaux employés, font des essais des rails, des chaudières à vapeur et des poutres métalliques dont la portée n'excède pas 20 sajènes (42 m. 68).

---

[1] Aux termes des décrets des 10 août 1885 et 25 juin 1890, le Département des chemins de fer au Ministère des voies de communication comprend quatre divisions : l'administration, la construction, le mouvement et l'entretien.

[2] Les inspections locales de l'exploitation ont été supprimées par l'ordonnance impériale du 16 juin 1892. Le service du contrôle de l'exploitation sera à l'avenir assuré : 1° par une inspection instituée au Ministère des voies de communication et composée d'un inspecteur en chef, de douze inspecteurs et du personnel d'employés nécessaire; et 2° par les directeurs nommés par le Gouvernement, dont les attributions seront augmentées de celles des inspecteurs supprimés.

Ils s'assurent que le matériel fixe et le matériel roulant répondent aux conditions techniques annexées aux statuts de la compagnie, et que les signaux et autres appareils de sécurité sont en bon état et en nombre suffisant.

Ils vérifient et approuvent les comptes des dépenses effectuées pour la construction et les fournitures.

Ils peuvent autoriser la modification du tracé entre deux stations voisines, lorsque la déviation ne s'écarte pas de plus de trois verstes (3 kil. 201) de l'axe du tracé approuvé et n'entraine ni l'abaissement des rayons des courbes ni l'élévation des déclivités.

Ils transmettent au Ministère, avec leur avis, les comptes rendus trimestriels dressés par l'ingénieur en chef de la compagnie, sur l'avancement des travaux et la livraison des fournitures, et adressent au Département des chemins de fer des rapports sur les accidents et sur toutes les questions relatives à la construction de nouvelles lignes.

### Directeurs nommés par le Gouvernement pour siéger dans les conseils d'administration des compagnies.

Les attributions des directeurs nommés par le Gouvernement pour représenter l'État dans les conseils d'administration des compagnies sont définies par l'Instruction ministérielle du 20 décembre 1889.

Aux termes de cette instruction, les directeurs siègent dans les conseils d'administration des compagnies, avec voie consultative, pour assurer la stricte exécution des lois, sauvegarder les intérêts généraux de l'État et exercer une surveillance directe sur la gestion des chemins de fer concédés.

Pour remplir cette mission, ils ont le droit : de compulser tous les livres, registres, et comptes des compagnies ; de demander des renseignements détaillés sur toutes les questions relatives à la gestion des entreprises, et de prendre connaissance journellement, au siège de l'administration de la compagnie, de la correspondance adressée à cette dernière, en ayant soin d'apposer leur signature sur les pièces consultées par eux.

Ils procèdent, au moins trois fois par an, à la vérification des caisses de l'administration de la compagnie, et des livres et pièces comptables. Ces vérifications sont faites en présence du président du conseil d'administration, d'un directeur de la compagnie et du comptable de la direction.

Toute irrégularité constatée doit être consignée dans un protocole qui est examiné dans la plus prochaine séance du conseil d'administration et transmis ensuite au Ministère des voies de communication avec les justifications de la compagnie intéressée.

Les directeurs nommés par le Gouvernement doivent présenter, autant que possible verbalement, leurs observations aux présidents des conseils d'administration des compagnies sur la gestion des entreprises de leur ressort. Ils ont le droit de fixer aux compagnies, le cas échéant, un délai pour donner à ces observations la suite qu'elles comportent. Lorsqu'une compagnie refuse de prendre en considération les observations du directeur nommé par le Gouvernement, ou dépasse le délai fixé à cet effet, le directeur doit en aviser le Département des chemins de fer, en joignant à son rapport les motifs du refus ou du retard, tels qu'ils sont présentés par le conseil d'administration de la compagnie intéressée.

Le directeur nommé par le Gouvernement peut s'opposer à l'application de toute décision, prise par l'administration de la compagnie ou par l'assemblée des actionnaires, qui lui paraît contraire aux lois, règlements et statuts, ou préjudiciable aux intérêts du Trésor. Dans ce cas, il inscrit sa protestation sur le journal de l'administration, ou sur le protocole de l'assemblée qui mentionne cette décision, et présente à la compagnie un rapport motivant son opposition. Ce rapport, accompagné d'un mémoire justificatif de la compagnie intéressée, doit être transmis par cette dernière au Ministère des voies de communication dans un délai ne dépassant pas deux semaines.

Les mêmes directeurs sont tenus en outre : de veiller à la régularité des versements des sommes dues au Trésor par les compagnies; de procéder annuellement à l'examen de la gestion de l'entreprise; de proposer, le cas échéant, aux administrations de leur ressort, des mesures en vue d'éviter les irrégularités ou les défectuosités constatées par eux; d'assister aux tirages des obligations et actions des compagnies et d'accompagner les inspecteurs de l'exploitation dans leurs tournées d'automne et de printemps, en leur prêtant appui en toute circonstance.

En cas de dissentiment entre les inspecteurs de l'exploitation et les directeurs nommés par le Gouvernement, au sujet de leurs attributions respectives, la difficulté doit être soumise au Ministère des voies de communication [1].

### Inspection des usines.

Cette inspection a été instituée par l'ordonnance impériale du 9 janvier 1890 [2].

Elle comprend un inspecteur principal, un inspecteur adjoint, neuf inspecteurs, dix sous-inspecteurs et un certain nombre d'employés de bureau.

Ce personnel, sauf celui de l'inspection principale, réside dans les localités qui possèdent les principales usines pour la fabrication du matériel des chemins de fer.

Les dépenses annuelles prévues en 1890 pour assurer le service de l'inspection des usines s'élevaient à 50,000 roubles (200,000 francs).

Les inspecteurs des usines sont chargés, notamment, de surveiller la fabrication du matériel roulant, des rails et autres fournitures métalliques. Ils font des essais des fournitures et délivrent des certificats de réception.

Les inspecteurs de l'exploitation et ceux de la construction des chemins de fer concédés doivent s'opposer à l'emploi par les compagnies de toute fourniture non accompagnée d'un certificat de réception signé par l'inspecteur des usines.

Les compagnies de chemins de fer sont tenues d'aviser l'inspection principale des usines, qui siège au Ministère des voies de communication, de chaque commande de matériel fixe ou de matériel roulant.

Pour la réception du matériel par les inspecteurs des usines, les compagnies versent au Trésor : 60 roubles (240 francs) par locomotive; 20 roubles (80 francs) par voiture; 10 roubles (40 francs) par wagon, et 3/8 d'un kopeck (1 centime et demi) par poud (16ᵏ 380) des autres fournitures métalliques.

### Conseil des chemins de fer.

Indépendamment du service actif du contrôle, le Ministre des voies de communication a comme auxiliaire le Conseil des chemins de fer, institué par l'ordonnance du 12 juin 1885 [3].

Ce Conseil est présidé par le Ministre des voies de communication, ou par son adjoint. Il se compose du directeur du Département des chemins de fer, du président de la Direction des chemins de fer de l'État, de deux fonctionnaires du Ministère des voies de communication, d'un fonctionnaire de chacun des Ministères des finances,

---

[1] D'après des renseignements récents, un nouveau règlement, modifiant les attributions des directeurs, a été édicté le 1ᵉʳ décembre 1892.

[2] Журналъ Министерства Путей сообщенія. 1890 г., n° 10, стр. 193. (*Journal du Ministère des voies de communication.* 1890, n° 10, p. 193).

[3] Собраніе Узаконеній. 1885, n° 78. (*Recueil des lois*).

de la justice, de l'intérieur, des domaines et de la guerre, et d'un membre du contrôle de l'Empire, tous nommés par l'Empereur. Le Conseil comprend en outre : deux représentants des chemins de fer concédés, élus pour un an par la réunion générale des représentants des compagnies et agréés par le Ministre des voies de communication; quatre représentants du commerce, de l'industrie, de l'agriculture et des mines, choisis par les Ministres des finances et des domaines et nommés pour un an par l'Empereur.

Le Conseil ainsi composé peut convoquer les représentants des autres ministères et administrations publiques pour prendre part, avec voix délibérative, aux débats qui intéressent directement les services qu'ils représentent.

Le Conseil des chemins de fer peut également convoquer, avec voix consultative, les personnes susceptibles de fournir des renseignements utiles sur les questions soumises à ses délibérations.

Il donne son avis sur les questions concernant l'établissement, l'exploitation et l'administration des chemins de fer.

On lui soumet, notamment : 1° les projets de lois et les propositions tendant à modifier ou abroger les lois qui régissent la construction, l'exploitation et l'administration des voies ferrées ; 2° les règlements et les instructions dont l'examen rentre dans ses attributions en vertu du Règlement général des chemins de fer; 3° les tarifs et les taxes des frais accessoires, dont l'homologation appartient à l'État, et 4° toutes les questions relatives aux voies ferrées qui rentrent dans la compétence du Conseil soit en vertu du Règlement général des chemins de fer, soit par suite d'une décision spéciale du Ministre des voies de communication.

## II. CONTRÔLE ET SURVEILLANCE EXERCÉS PAR LE MINISTÈRE DES FINANCES.

Le contrôle de l'exploitation commerciale des chemins de fer a été détaché du Ministère des voies de communication et attribué au Département des finances par l'ordonnance impériale du 8 mars 1889 [1].

En exécution de cette ordonnance, qui place tout ce qui concerne les tarifs sous l'autorité immédiate de l'État, il a été institué au Ministère des finances un *Département des chemins de fer,* un *Comité* et un *Conseil des tarifs,* chargés, chacun en ce qui le concerne, de la gestion des affaires relatives à l'établissement, à la réglementation, à la vérification et à l'application des tarifs.

### Département des chemins de fer.

Le Département des chemins de fer centralise, sous la haute autorité du Ministre des finances, toutes les affaires relatives aux tarifs de chemins de fer. Il exerce le contrôle de l'État, examine les propositions tendant à modifier les tarifs en vigueur et prend l'initiative des mesures propres à protéger, en matière de tarifs, les intérêts de la population, de l'industrie, du commerce et du fisc. Il veille à l'observation rigoureuse des règlements et prescriptions relatives à l'établissement, la mise en vigueur, la modification et l'abrogation des tarifs. Il décide sur les questions concernant le partage des taxes pour le trafic direct entre les différentes compagnies, et sur toutes les questions de tarifs qui ne rentrent pas dans les attributions du Conseil ou du Comité des tarifs.

---

[1] Вѣстникъ Финансовъ, 1889, n° 13. (*Courrier des Finances.*)

La traduction du texte de l'ordonnance du 8 mars 1889, ainsi que de diverses prescriptions relatives à l'exécution de cette ordonnance, se trouvent dans le *Traité général des tarifs de chemins de fer,* par Ulrich. Édition française. Paris, 1890.

Le Ministre des finances statue en dernier ressort sur les réclamations des compagnies contre les décisions du Département des chemins de fer.

### Comité des tarifs.

Le Comité des tarifs se compose de deux fonctionnaires du Ministère des finances et d'un fonctionnaire de chacune des administrations des Voies de communication, des Domaines et du Contrôle de l'Empire. Le Comité est présidé par le directeur du Département des chemins de fer.

Lorsque le Comité délibère sur les questions dues à l'initiative des administrations de l'État, les représentants de ces administrations peuvent assister aux séances avec voix consultative. Le président peut en outre convoquer ou admettre aux séances les représentants des compagnies de chemins de fer intéressées aux délibérations du Comité.

La présence du président et de trois membres du Comité est nécessaire pour délibérer valablement.

Le Comité est appelé à statuer sur les questions *spéciales* de tarifs, tandis que les questions d'ordre général rentrent dans les attributions du Conseil des tarifs.

Les décisions du Comité, rendues à la majorité simple des voix, acquièrent force de loi si le Ministre des finances ne juge pas nécessaire de les soumettre à l'appréciation du Conseil des tarifs.

### Conseil des tarifs.

Le Conseil est présidé par le Ministre des finances ou par son adjoint. Il se compose : des directeurs des Départements des chemins de fer, du commerce et de l'industrie; de deux fonctionnaires du Ministère des voies de communication; d'un fonctionnaire de chacun des Ministères des finances, des domaines et de l'intérieur; d'un fonctionnaire du Contrôle de l'Empire; de trois représentants de l'industrie agricole; de deux représentants du commerce et de l'industrie; d'un représentant de l'industrie minière et de trois délégués des compagnies de chemins de fer.

Les représentants des ministères sont nommés par l'Emperenr, sur la proposition des Ministres respectifs; les délégués des compagnies de chemins de fer sont élus, pour un an, par le Congrès général des représentants des compagnies et agréés par le Ministre des finances; les autres représentants sont choisis par les Ministres des finances et des domaines et nommés par l'Empereur.

Le Conseil des tarifs peut convoquer, avec voix consultative, les personnes susceptibles de fournir des renseignements utiles sur les questions soumises à ses délibérations.

La compétence du Conseil embrasse toutes les questions *générales* en matière de tarifs, et notamment : l'élaboration des règlements relatifs à l'établissement, à la publication, à la mise en vigueur et à l'abrogation des tarifs; la préparation des règlements pour les congrès des représentants des chemins de fer; les propositions ayant pour but de fixer les limites maxima des taxes de transport et des frais accessoires et autres; l'indication des mesures à prendre pour supprimer la concurrence entre les compagnies de chemins de fer ainsi qu'entre les voies ferrées et les autres entreprises de transport.

Le Conseil délibère en outre et fournit son avis : sur les questions spéciales de tarifs qui n'ont pas été résolues par le Comité des tarifs; sur les questions dues à l'initiative des administrations gouvernementales, dans les cas où les chefs de ces administrations le demandent et, en général, sur toutes les autres questions de tarifs dont il est saisi par le Ministre des finances.

Les questions sont tranchées à la majorité simple des voix des membres présents; lorsque les voix sont également partagées, la voix du président est prépondérante.

Les décisions du Conseil des tarifs qui n'exigent la modification d'aucune loi entrent en vigueur dans les cas suivants :

*a*) Lorsque la décision a été prise à l'unanimité des membres présents;

*b*) Lorsque la décision au sujet d'une question générale de tarifs a été rendue à la majorité, comprenant toutes les voix des représentants des ministères et celle du Ministre des finances;

*c*) Lorsque la décision concernant une question spéciale de tarifs a été prise à la majorité des voix, y compris la voix du Ministre des finances.

Dans tous les autres cas, le Ministre des finances communique aux chefs des administrations représentées au sein du Conseil des tarifs une copie du protocole avec sa décision sur la question; si, dans le délai d'un mois, aucune objection n'a été présentée contre la décision du Ministre, elle acquiert force de loi. Dans le cas contraire, la question doit être soumise par le Comité des Ministres à la décision de l'Empereur.

Lorsqu'une décision du Conseil des tarifs modifie les prescriptions légales existantes, ou les limites sanctionnées par l'Empereur pour les taxes de transport, elle doit être communiquée préalablement, avec l'avis du Ministre des Finances, aux administrations représentées au sein du Conseil des tarifs et aux compagnies de chemins de fer intéressées. Les observations auxquelles cette communication peut donner lieu doivent parvenir au Ministère des Finances avant l'expiration du délai de trois mois; elles sont annexées au rapport ministériel, qui est soumis ensuite à la sanction impériale.

### III. SURVEILLANCE EXERCÉE PAR LE CONTRÔLE DE L'EMPIRE.

Par une ordonnance impériale du 11 décembre 1884, il a été institué au Contrôle de l'Empire une section des chemins de fer, chargée de la surveillance, de la gestion financière et du contrôle des comptes des compagnies. L'oukase impérial du 3 juin 1891 a augmenté les attributions de ce service et l'a transformé en un *Département des comptes des chemins de fer*.

Ce Département centralise, sous la haute responsabilité du Contrôleur de l'Empire, toutes les affaires relatives au contrôle financier des chemins de fer et dirige les services locaux de contrôle institués, au fur et à mesure des besoins, près des compagnies dotées de la garantie d'intérêt.

Chaque service de contrôle local comprend en général un contrôleur principal, deux contrôleurs, trois sous-contrôleurs et un certain nombre d'employés. Il vérifie les comptes des recettes et des dépenses de l'exploitation, examine les projets annuels de budget présentés par la compagnie, consulte les documents concernant la gestion de l'entreprise, inspecte les caisses, surveille les commandes et les livraisons de fournitures, constate l'avancement des travaux sur la ligne et dans les ateliers, vérifie la situation du matériel roulant, donne son avis sur les projets des comptes annuels, des baux, contrats, conventions et engagements financiers de la compagnie et assiste aux adjudications, aux tirages financiers et aux inspections annuelles faites par le contrôle de l'exploitation.

Le contrôle local peut faire à l'administration de la compagnie de son ressort des représentations sur toute décision de cette dernière qui lui paraît préjudiciable aux intérêts du Trésor. Si l'avis du contrôle local reste sans suite, celui-ci en réfère au Département des comptes des chemins de fer. Il doit aviser en outre ce dernier de chaque irrégularité dans la gestion financière de l'entreprise, et communiquer en même temps la copie de son rapport à la compagnie, qui est tenue de présenter sa justification dans le délai d'un mois.

Le Département des comptes des chemins de fer au Contrôle de l'Empire statue sur les infractions des compagnies aux lois et règlements, lorsque ces infractions portent préjudice au Trésor. Il peut ordonner le recouvrement des sommes correspondantes aux préjudices constatés. Les observations des compagnies contre les décisions de cette nature sont examinées par les Ministres des voies de communication et des finances et par le Contrôleur de l'Empire, qui statuent, sauf recours devant le Comité des Ministres.

Les autres observations des compagnies touchant le contrôle financier doivent être présentées au Contrôleur de l'Empire pour être soumises, avec son avis, aux délibérations du Comité des Ministres.

Le Contrôle de l'Empire, de concert avec le Ministre des voies de communication, arrête les règlements et les formulaires relatifs à l'établissement des comptes annuels et à la comptabilité des compagnies.

### Commission du contrôle des comptes.

Pour statuer sur les questions afférentes au contrôle des comptes, qui exigent l'accord préalable du Ministère des voies de communication, de celui des finances et du Contrôle de l'Empire, il a été institué [1], près de cette dernière administration, une Commission spéciale, présidée par un contrôleur général et composée de deux représentants du Ministère des voies de communication, d'un fonctionnaire du Ministère des finances et de deux fonctionnaires du Contrôle de l'Empire.

Pour être exécutoires, les décisions de cette Commission doivent être rendues à l'unanimité, faute de quoi le Contrôleur de l'Empire, d'accord avec les Ministres des finances et des voies de communication, statue en dernier ressort.

### *Contrôle de l'État en matière de dividendes.*

Le contrôle de l'État en matière de dividendes a été institué dans l'Empire par une décision du Comité des Ministres, sanctionnée par l'Empereur le 10 juin 1890, et portant approbation d'un règlement temporaire à l'usage des compagnies de chemins de fer.

Ce règlement détermine la manière dont doit être formé le compte des bénéfices nets et fixe le mode de répartition de ces bénéfices. Il déclare illégale toute dépense imputée par la compagnie sur les revenus nets sans une autorisation spéciale du Conseil de l'Empire, et prescrit qu'aucun dividende ne saurait être distribué aux actionnaires, au delà du revenu garanti, avant le payement au Trésor des sommes représentant l'intérêt et l'amortissement des obligations appartenant à l'État, des prêts et actions absolument garantis par l'État [2], ainsi que les parts dans les bénéfices nets dues au Gouvernement en vertu des statuts, concessions ou conventions.

Les administrations des entreprises dans lesquelles le Trésor se trouve intéressé sont obligées, un mois avant la réunion de leurs assemblées générales, de présenter leurs projets de répartition des bénéfices nets au Ministère des finances, au Ministère des voies de communication et au Contrôle de l'Empire. Ces projets sont examinés par une Commission spéciale, composée de trois membres, à raison d'un représentant par chacun de ces départements ministériels. La Commission vérifie si tous les prélèvements obligatoires au profit du fonds de réserve, pour la caisse des retraites et pour les payements des intérêts sur les obligations, prêts, actions, etc., ont été effec-

---

[1] Ordonnance impériale du 23 mai 1889.

[2] Actions sur lesquelles les payements sont faits directement par le Trésor.

tués; elle entend les explications verbales des représentants des compagnies et procède, le cas échéant, aux corrections des propositions de ces dernières.

La décision unanime de la Commission ou, dans le cas de partage d'opinions, la décision prise par le Ministre des finances, celui des voies de communication et le Contrôleur de l'Empire, est transmise à la compagnie au plus tard dans un délai de trois semaines après la réception des propositions.

Le conseil d'administration de la compagnie porte cette décision à la connaissance de l'assemblée générale des actionnaires avec son rapport sur la répartition du bénéfice net. Quelle que soit ensuite la décision de ladite assemblée, la compagnie ne peut distribuer de dividendes à un taux plus élevé que celui fixé par la Commission.

Si le conseil d'administration paye le dividende au chiffre admis par la Commission et qu'après la revision du compte rendu annuel de la compagnie, on découvre des irrégularités qui entraîneraient une réduction de ce dividende, la somme payée en trop devra être retenue ou sur les bénéfices des années suivantes ou bien lors du règlement définitif avec la Société au moment du rachat du chemin de fer.

---

### CHEMINS DE FER ÉCONOMIQUES.

#### Législation.

La première ordonnance impériale spécialement consacrée aux chemins de fer économiques et aux tramways a été édictée le 14 avril 1887 [1].

Aux termes de l'article 1er de cette ordonnance, *les chemins d'accès aux chemins de fer* (Подъѣздные пути къ желѣзнымъ дорогамъ), nécessaires pour les besoins locaux du commerce et de l'industrie, peuvent être construits et exploités par les institutions provinciales, municipales et communales, par les sociétés d'actionnaires et par les particuliers.

Les chemins d'accès peuvent être, d'après l'article 2, des voies ferrées à traction mécanique ou animale, ou des routes pavées ou empierrées.

Ladite ordonnance ne s'applique pas aux tramways à traction de chevaux dans les villes et les banlieues (art. 3).

D'après les articles 4, 5 et 6, les chemins d'accès peuvent être affectés aux transports publics ou non; dans le premier cas, les concessionnaires sont autorisés à percevoir des prix de transports et des droits de péage.

Aux termes de l'article 7, sont du ressort du Ministère des Voies de communication toutes les voies ferrées publiques à traction mécanique; celles des voies ferrées privées à traction mécanique qui se raccordent aux lignes de chemins de fer d'intérêt général, et tous les autres chemins d'accès qui sont exploités par des compagnies de chemins de fer d'intérêt général.

Les chemins d'accès peuvent être construits sur les terrains appartenant aux concessionnaires ou loués par eux pour soixante ans, ou sur les terrains expropriés. En ce qui concerne les chemins qui ne sont pas destinés au trafic public, l'expropriation forcée ne peut être accordée que pour ceux qui ont un caractère d'utilité générale (art. 8, 9 et 10).

Les articles 11 à 21 règlent comme il suit la procédure relative aux demandes ayant pour objet les études d'avant-projets du tracé :

Dans le cas où les détenteurs des terrains traversés par le tracé refusent l'accès aux parcelles en question, la demande pour obtenir l'autorisation de faire les études doit

---

[1] Собраніе Узаконеній и распор. Правительства, 1887, г., n° 52, ст. 438. (*Recueil des lois et des décisions du Gouvernement*, 1887, n° 52, p. 438.)

être adressée au préfet du département (Губернаторъ) accompagnée d'un mémoire indiquant le but de l'établissement du chemin, sa nature, sa direction et sa signification au point de vue de l'économie générale, ainsi que d'un exposé des motifs de refus d'accès aux parcelles de terrains de la part de leurs possesseurs. Le préfet provoque sans retard des explications sur les refus en question. Les réponses des propriétaires doivent être fournies au préfet dans un délai maximum de deux mois. Le dossier relatif à toute demande de cette nature est (art. 14) soumis ensuite par le préfet à une Commission présidée par lui et dont font partie le maréchal de la noblesse du département, le président du tribunal, l'inspecteur des chemins de fer, le représentant du district de l'Administration des voies de communication, et, si on le juge utile, les représentants des administrations des mines, des forêts et de la guerre.

Cette Commission décide dans le délai maximum de deux mois à partir de la date de la demande. Elle détermine le montant de la caution à déposer par le demandeur pour les préjudices pouvant être occasionnés aux propriétaires d'immeubles par les études sur le terrain.

Si la demande est repoussée par la Commission, le demandeur peut avoir recours au Ministre de l'intérieur. En cas d'autorisation accordée par la Commission, les propriétaires d'immeubles peuvent réclamer au préfet, dans un délai de deux mois, contre la décision prise. Le préfet soumet ensuite l'affaire au Ministre de l'intérieur, qui statue en dernier ressort.

Le délai pour procéder aux études ne peut excéder deux ans; le montant des indemnités pour dommages occasionnés par les études du tracé est déterminé à l'amiable ou par voie judiciaire.

D'après l'article 22, l'autorisation impériale est nécessaire pour l'établissement de tout chemin d'accès dont la construction nécessite l'expropriation forcée ou le concours financier de l'État, ainsi que pour l'établissement de toute voie ferrée, à traction mécanique, destinée au transport public.

Pour la construction d'un chemin de fer privé à traction mécanique, raccordé aux voies ferrées d'intérêt général, il faut une autorisation du Ministre des voies de communication.

La construction de toute voie ferrée dans une des circonscriptions militaires de Vilna, Varsovie, Kiew, Odessa et Caucase nécessite en outre l'approbation préalable du Ministre de la guerre.

Tous les autres chemins d'accès qui ne rentrent pas dans les catégories précitées peuvent être établis sans autorisation spéciale.

Aux termes de l'article 23, lorsqu'un chemin d'accès doit traverser une chaussée, un canal ou une rivière navigable, on doit demander le consentement de l'administration locale des Voies de communication ou des administrations départementales, communales ou municipales dont dépendent les voies à traverser.

L'article 24 oblige les entreprises de chemins d'accès qui doivent ou traverser des voies ferrées ou se raccorder avec elles, à conclure avec les administrations respectives de ces voies des conventions préalables, réglant les rapports mutuels de ces entreprises au point de vue de la construction et de l'exploitation. Ces conventions doivent être présentées à l'approbation des Ministres des voies de communication et des finances.

D'après les articles 25 et 26, les demandes de concession, pour les chemins spécifiés dans les deux premiers alinéas de l'article 22, sont adressées au préfet. Elles doivent comprendre des renseignements relatifs aux conditions de la construction et de l'exploitation des chemins projetés.

Lorsqu'il s'agit de chemins pour lesquels l'expropriation forcée ou le concours financier de l'État ne sont pas demandés, le préfet transmet les demandes de concession, avec son appréciation, au Ministre compétent.

Lorsque l'expropriation forcée est nécessaire, la demande de concession doit être accompagnée en outre des plans exacts des parcelles à exproprier et des renseignements sur les motifs de refus des propriétaires de ces parcelles.

Aux termes des articles 27 à 30, le préfet, saisi d'une demande de concession qui nécessite l'expropriation forcée, provoque, de la part des propriétaires intéressés, des explications sur les motifs de leur refus de céder les terrains. Ces explications doivent être fournies dans un délai n'excédant pas deux mois. Les dossiers complets de ces demandes ou de celles qui sollicitent les franchises ou le concours de l'État sont soumis par le préfet à la Commission spécifiée à l'article 14. Cette Commission formule son avis détaillé, après quoi le préfet transmet l'affaire au Ministre compétent.

Les articles 31 à 35 contiennent des prescriptions détaillées en ce qui concerne les formalités de l'expropriation, la fixation des indemnités et l'occupation préalable des immeubles.

D'après les articles 36 et 37, la nature et la limite des franchises accordées par l'État sont déterminées dans chaque cas particulier. Lorsque le chemin doit être construit avec le concours de l'État, on fixe, en accordant la concession, les conditions relatives à l'exploitation, au contrôle de l'État, aux transports des postes, troupes, du matériel de guerre et des prisonniers, et l'on détermine le délai pour la reprise de l'entreprise par l'État, ainsi que les conditions du rachat et les motifs donnant droit à la fermeture de l'exploitation.

Les articles 38 à 44 traitent de la surveillance des travaux et de l'exploitation. L'État n'exerce sa surveillance que sur la construction des chemins pour lesquels l'acte de concession le prescrit. La responsabilité en ce qui concerne la sécurité de la construction et de l'exploitation incombe au propriétaire du chemin. Lorsque le concessionnaire d'un chemin qui est du ressort du Ministère des voies de communication (voir art. 7) ne dirige pas lui-même la construction et l'exploitation, il est tenu de désigner un remplaçant dont la nomination doit être approuvée par le Ministre.

Le Ministre des voies de communication, d'accord avec les autres Ministres intéressés, édicte les prescriptions spéciales destinées à guider dans chaque cas les entrepreneurs en ce qui concerne la construction et l'exploitation d'un chemin d'accès. Ces prescriptions doivent être publiées.

La mise en exploitation des voies ferrées à traction mécanique est autorisée, après l'inspection de la voie et du matériel, par les autorités locales des Voies de communication. L'ouverture d'un chemin de fer destiné au transport public doit être portée à la connaissance du public.

D'après l'article 45, l'augmentation du nombre des haltes d'un chemin de fer exploité peut avoir lieu sans autorisation lorsque les personnes intéressées, d'accord avec le concessionnaire, se chargent des frais de construction et d'entretien de ces nouvelles haltes. En cas de désaccord, le Ministre des voies de communication statue.

L'article 46 prescrit aux entreprises de chemins de fer d'accès qui dépendent du Ministère des voies de communication de fournir annuellement des renseignements statistiques sur les résultats de l'exploitation.

Le dernier article (47) autorise le Ministre des voies de communication à prendre toutes les mesures jugées nécessaires pour assurer la sécurité de l'exploitation des chemins de fer d'accès du ressort de son administration.

### Circulaires ministérielles.

Depuis la promulgation de la loi du 14 avril 1887, plusieurs circulaires ministérielles sont intervenues pour en régler l'application et stimuler le développement des chemins de fer d'accès.

Une circulaire du Département des chemins de fer en date du 19 décembre 1887 règle comme il suit l'application de l'article 37 de la loi précédente, en ce qui concerne la surveillance de l'État sur les chemins de fer d'accès jouissant des facilités accordées par ce dernier :

1° L'ouverture de l'exploitation doit être autorisée, après l'inspection de la voie et du matériel, par les autorités locales du Ministère des voies de communication, c'est-à-dire, par l'Inspecteur chargé du contrôle du chemin de fer concédé auquel le chemin de fer d'accès est raccordé. Lorsque le chemin de fer d'accès se raccorde avec une ligne de l'État, l'autorisation est donnée par le Directeur du chemin de fer de l'État;

2° L'exploitation du chemin d'accès est soumise à la surveillance des autorités précitées;

3° Pour pourvoir aux frais de surveillance de l'État, les concessionnaires des chemins de fer d'accès de cette catégorie doivent verser au Trésor annuellement par 250 sajènes (533 mètres) de longueur de voie, 35 roubles (140 francs) pendant la construction et 7 roubles (28 francs) pendant l'exploitation.

Une autre circulaire du Département des chemins de fer, du 23 février 1889, invite les administrations des lignes d'intérêt général à donner aux entrepreneurs des chemins de fer d'accès tous les renseignements relatifs à la marche à suivre pour obtenir des concessions conformément à la nouvelle loi.

Une circulaire du Ministre des voies de communication, du 31 octobre 1889, prescrit aux fonctionnaires de son administration de prêter leur concours aux préfets des départements et aux personnes intéressées pour faciliter et accélérer la création des chemins de fer économiques.

A cet effet, les chefs des circonscriptions des voies de communication et leurs subordonnés doivent fournir aux préfets tous les renseignements techniques, juridiques et économiques pouvant guider les intéressés dans le choix du tracé et pour la formation des sociétés. Ces fonctionnaires sont invités à prendre part aux réunions ayant pour but d'étudier les questions locales relatives à l'établissement des chemins de fer d'accès. Les inspecteurs des chemins de fer d'intérêt général et les directeurs des chemins de fer de l'État sont également invités à faciliter aux intéressés l'obtention des concessions, en leur indiquant la marche à suivre, les types à adopter pour la construction, les conditions les plus avantageuses pour l'approvisionnement des matériaux et l'engagement du personnel.

Une circulaire du Ministre de l'Intérieur, du 14 octobre 1889, invite d'autre part les préfets : à prendre l'initiative pour organiser les réunions des personnes intéressées dans le but de discuter sur les conditions d'établissement des chemins de fer d'accès; à diriger le mouvement en faveur d'une prompte organisation des entreprises; et à stimuler la participation des intéressés en leur fournissant tous les renseignements utiles.

9 782329 149363